COLEÇÃO

IRONWORKS

CB142713

COLEÇÃO

IRONWORKS

VOLUME I

JULIANA MALACARNE

PRODUZIDO POR

PROF. WALDEMAR MARQUES GUIMARÃES NETO

2007

Phorte editora

Coleção Ironworks Volume I - Juliana Malacarne
Copyright © 2007 by Phorte Editora Ltda.

Rua 13 de Maio, 598 – Bela Vista – São Paulo – SP
CEP: 01327-000 – Brasil
Tel/Fax: (11) 3141-1033
Site: www.phorte.com e-mail: phorte@terra.com.br

Produção e Supervisão Editorial: Fábio Mazzonetto
Gerente Editorial: Sérgio Roberto Ferreira Batista
Gerente de Arte: Fabio Valério
Assistente Editorial: Talita Gnidarchichi
Revisão: Inara Marconato Vaz
Fotografia: Carmem Cley
José Guilherme Flenik
Capa e Projeto Gráfico: André Henrique Santos
Diagramação: André Henrique Santos, Ramon Rodrigues
Impressão: Prol Gráfica

Nenhuma parte deste livro pode ser reproduzida ou transmitida de qualquer forma ou por quaisquer meios eletrônico, mecânico, fotocopiado, gravado ou outro, sem autorização prévia por escrito da Phorte Editora Ltda.

CIP-BRASIL. CATALOGAÇÃO-NA-FONTE
SINDICATO NACIONAL DOS EDITORES DE LIVROS, RJ.

J89

Juliana Malacarne / produzido por Waldemar Marques Guimarães Neto. - Rio de Janeiro : Phorte, 2007. - (Ironworks ; v.1)

ISBN 85-7655-106-3

1. Malacarne, Juliana. 2. Modelagem física para mulheres. 3. Aptidão física em mulheres. I. Guimarães Neto, Waldemar Marques. II. Série.

06-3213. CDD 613.71
CDU 613.71-055.2

01.09.06 06.09.06 016013

Impresso no Brasil
Printed in Brazil

Phorte editora

Rua 13 de Maio, 598 – CEP 01327-000 – Bela Vista – São Paulo – SP

Fone / Fax: (11) 3141-1033

Site: www.phorte.com

e-mail: phorte@terra.com.br

Agradecimentos

Meus sinceros agradecimentos ao Professor Waldemar Guimarães pelo convite para fazermos esse trabalho e à toda equipe que nos apoiou. A Ari Torso, meu companheiro de todas as horas, meus pais e meus irmãos, sem essa base sólida da família penso que poderia não chegar até aqui. Agradeço também a todos os amigos, atletas e a todas as pessoas que admiram o esporte; juntos formamos essa imensa família.

SUMÁRIO

Histórico

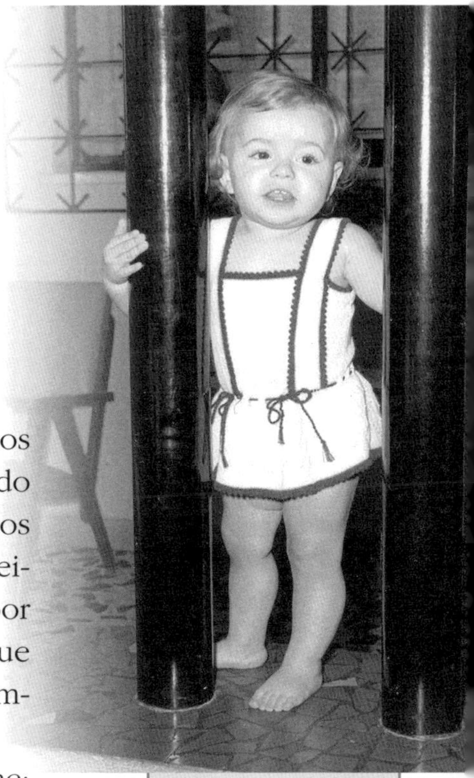

Juliana,
1 ano e 7 meses

Meu primeiro referencial sobre corpos musculosos remonta a minha infância. Quando assisti pela TV aquele louro de cabelos longos girando com toda força uma roda de madeira, parei diante da TV perplexa, fissurada por aquela imagem; era ninguém menos do que Arnold Schwarzenegger, aquela figura me impressionou muito e nunca mais esqueci.

Percebi que não era apenas aquele filme; claro que os filmes épicos até hoje me encantam, mas a imagem daquele homem forte me perseguiu durante toda adolescência. Aos 13 anos, em viagem com minha família à praia, mais uma vez me encantei com um moreno que dizia ser Mister Santos; não me impressionei com sua pessoa propriamente, mas sim com aquele colosso de músculos. Desenvolvemos apenas uma amizade praiana, porém essa experiência não deixou de reforçar meu gosto um tanto incomum. Minhas amigas adolescentes sempre diziam que eu gostava dos "fortinhos", mas elas mesmas achavam esses corpos feios, preferiam os "magrelinhos", mais comuns pra nossa idade. Eu não...

Juliana,
5 anos

Nunca tive progresso em nenhum esporte, por mais que eu tentasse. Fiz aulas de balé,

Juliana, 10 anos

jazz e vôlei. Na escola, meu único sucesso foi no atletismo com salto em distância, cheguei a ganhar uma medalha nos jogos interescolares, mas não prossegui com a modalidade e sempre me perguntava, um pouco frustrada: "Será que não tenho vocação para nada?" Admirava aqueles que se destacavam em algum esporte, e pensava que não tinha nascido para o praticá-lo.

Também não gostava de academia, como a maioria das adolescentes eu preferia devorar à vontade comidas com aromas e sabores diversos, sem contar as calorias.

Tentei por várias vezes incursões a academias, mas não duravam muito; logo enjoava, preferindo andar de Vespa que era moda na época. Freqüentar festinhas, bailes e sair com as amigas eram meus *hobbies* prediletos, além dos estudos.

Felizmente fui agraciada pela genética e sempre tive um corpo com formas arredondadas, cintura fina, boas pernas e fazia sucesso com os garotos. Continuei desse modo até os 22 anos.

A partir de então, mais madura e com um novo namorado, comecei a notar que aquele corpinho curvilíneo já estava dando os primeiros sinais de que se não fosse cuidado poderia "estragar".

Nesse tempo apareceu a moda da barriguinha de fora e eu não me sentia à vontade de aderir à tendência. Notava algumas gordurinhas ao redor da cintura, e queria coxas mais grossas. Passava por uma fase relativamente insegura com o novo namorado um e desejando me tornar mais atraente me matriculei em uma academia, com incentivo dele.

Juliana, 15 anos

No começo era horrível, me dirigia à acadameia com muita má vontade, na marra mesmo! Minha primeira tentativa foram aulas de funk: uma catástrofe. A professora dançava de um lado e eu do outro, me senti péssima. Desisti do funk e continuei fazendo aulas de ginástica localizada, lá no fundo da sala com pesinhos medíocres. Observava as garotas da frente que, com toda coordenação utilizavam halteres de 3 kilos, caneleiras pesadas e com um pique incrível.

Musculação então, jamais! Fazer força, nem pensar! Queria somente engrossar as coxas, e o instrutor me indicou 4 series de 10 repetições na cadeira extensora e 4 séries na mesa flexora com o maior peso que suportasse com esses dois exercícios. Em 6 meses aumentei minha coxa em 5 centímetros. Segundo ele, agachamentos e *backs* eram lesivos, e eu não precisava praticá-los. Em seguida inclui as máquinas de adutor e abdutor, a essa altura já empolgada com os resultados treinava todos os dias da semana nesses 4 aparelhos, e fazia todas as aulas de sala, ginástica localizada, step, alongamento, abdominal e até karatê. Emendava uma aula na outra, chegava às 17:30 na academia e saia às 21:00, faminta. Chegando em casa devorava um prato enorme de arroz, feijão, bife e salada; mas também é compreensível, depois de tanto tempo de treino.

Nessa época conheci duas professoras e nos tornamos grandes amigas, uma delas é minha querida Marilene Andrade. Quando passei a competir na categoria *Miss Fitness*, ela foi minha coreógrafa e contribuiu muito para me tornar campeã nessa modalidade. A outra é a Adriana Daniel de Camargo, que na ocasião era campeã brasileira de luta de braço, uma garota

Juliana, 20 anos

dedicada à profissão e aos estudos, cheia de vida e projetos futuros. Seguramente, ela foi responsável por eu me tornar atleta.

Adriana Daniel substituiu Marilene Andrade, quando ela deixou a academia para buscar novos horizontes e melhores condições salariais. Passei meses fazendo todas as aulas da Adriana, até que um dia ela arrumou um novo emprego na cidade vizinha, e eu trabalhava na área de vendas e representava uma empresa nessa mesma cidade. Sendo assim, ela me convidou para fazer suas aulas na nova academia, e eu aceitei o convite.

A essa altura já tinha incorporado alguns outros exercícios de musculação, sempre utilizando máquinas: um exercicio de costas, um de peito e um de bíceps, mas nada de pesos livres. Seguia com as aulinhas de sala, na verdade já estava estagnada e sem progressos, mas estava feliz.

O destino nem sempre nos reserva boas surpresas, e essa que relatarei foi terrível: em uma segunda-feira acordei com o meu namorado me chamando. Estávamos na casa dos pais dele em Itatiba, ele iria para o trabalho e antes disso precisava me trazer para Americana. Quando despertei contei sobre um sonho que tive naquela noite: "Estava sonhando com a Adriana, no sonho ela me deu um abraço apertado, me olhou com ternura e saiu". Ele respondeu: "Também, você não desgruda dessa amiga, que coisa em vez de sonhar comigo sonha com ela!". Nós rimos, tomei o café da manhã e partimos para Americana.

Nossas cidades ficam a 50 minutos de distância. Quando cheguei, notei algo estranho no ar, minha mãe veio ao meu encontro e disse: "Seja forte que tenho algo duro para te dizer... sua amiga Adriana faleceu essa noite, em um acidente de carro; ela, o namorado e um amigo deles estavam voltando de um jogo de handebol e bateram o carro. Apenas um rapaz sobreviveu.

Nesse instante meu namorado me olhou e entendemos o sonho. Foi muito triste, três jovens atletas mortos abruptamente, eles eram jogadores da equipe de handebol de Americana, e perderam a vida de forma trágica.

Enfim, depois desse episódio não tinha mais vontade de malhar naquela academia, afinal fui para lá por causa das aulas da Adriana. Alguns dias depois, conversando com um amigo da academia sobre o ocorrido, ele comentou: "Juliana, tenho um colega de trabalho que busca uma garota para treinar e competir em *Miss Fitness,* e quando ele me explicou o que procurava, imediatamente me lembrei de você. Já que você não vai continuar aqui, porque não o procura? – até então eu nem conhecia esse esporte – A academia é na sua cidade e em um bairro bem próximo ao seu.

Eu nem sabia do que se tratava, mas não queria deixar de treinar, só queria um ambiente novo onde não existisse lembranças tão tristes. Afinal, já tinha tomado gosto pelos exercícios e adquirido um estilo mais saudável de vida, e um corpo muito melhor do que quando era sedentária.

Fui na academia indicada. O local era muito diferente dos que eu estava acostumada – poucas máquinas e muitas barras e pesos livres. Lá conheci o Wanderley de Almeida,

Campeonato Mundial de 2005

o rapaz interessado em treinar mulheres com fins competitivos. Conversamos um pouco, trocamos algumas idéias e ele rapidamente apostou em mim, me emprestou uma fita VHS e algumas revistas. E eu fiquei maravilhada.

Aquela minha apreciação, até então puramente fantasiosa sobre os músculos, poderia se tornar real, e o mais empolgante, é que eu seria a protagonista.

Identifiquei-me imediatamente com aquele universo e na mesma semana iniciei meus treinamentos. Conheci um exercício chamado agachamento livre, e todos os outros básicos utilizados em treinamentos.

A partir desse encontro minha vida começou a mudar. Passei a me dedicar inteiramente à musculação, deixei as aulinhas de sala de lado e comecei a me dedicar também à coreografia, com a ajuda da Gianne de Almeida que era e continua sendo uma campeã no fisiculturismo, e esposa do Wanderley.

Gianne foi a coreógrafa da minha estréia. Eu tinha boa flexibilidade e a coordenação evoluiu bastante com as aulas específicas de sala. Com a cara e coragem, uma dietazinha mal feita e apenas 4 meses de treino fui competir o Campeonato Paulista de Estreantes, e para minha surpresa ganhei o primeiro lugar.

Fiquei deslumbrada, finalmente tinha descoberto minha vocação... serei uma atleta!

Nesse mesmo ano participei de mais duas competições, mas como ainda estava muito inábil, não obtive resultados expressivos. Fiquei em 4° lugar nas duas; uma o campeonato Paulista, o "Paulistão", e a outra o campeonato Pan-americano, criado pelo Alexandre Pagnani, presidente da Confederação Brasileira de Culturismo e Fitness. Não era um campeonato oficial, mas vieram bons atletas de outros países, e realizou-se na cidade de Mogi das Cruzes/SP, caí de pára-quedas e fui totalmente sozinha. Observava as outras atletas já consagradas e aquele burburinho todo entre os competidores. Várias atletas estrangeiras, vários idiomas e várias culturas diferentes e eu ali, envolvida naquele meio, era a glória. Não me importava se não tivesse a menor chance – estava consciente disso.

Nem sabia o que comer no hotel, a variedade de pratos era enorme, olhava o prato dos outros atletas para poder fazer o meu. Comi batata doce e claras de ovos, mas naquele momento o importante era estar entre os competidores consagrados e adquirir experiência.

Ganhei mais segurança no palco e o mais importante: coloquei em prova minha capacidade de nunca ter medo de encarar desafios, ainda que não fosse a minha hora.

Terminei o ano de 1999 muito feliz, com novos projetos e com o corpinho cada vez melhor!

E busquei na ginástica olímpica uma forma de melhorar a performance. Coreografava, trabalhava como representante de vendas, viajava, atendia clientes, treinava musculação de noite e ginástica olímpica pela manhã

Mais empolgada do que nunca procurei pela minha antiga professora Marilene Andrade, consagrada campeã mundial em aeróbica. Quando contei para ela que estava competindo em *fitness* ela disparou: "Com aquela coordenação horrível! Como conseguiu?" e eu com firmeza respondi: "Eu me esforcei e melhorei, e agora preciso da sua ajuda".

Campeonato Mundial de 2005

Como uma irmã e com um dos melhores corações que já conheci na vida, imediatamente ela se prontificou a ajudar. Iniciamos um treino muito mais complexo, e mergulhei de cabeça nesse esporte.

Preparei-me com muita garra, evolui bastante tanto no físico quanto na coreografia e passei a treinar em Campinas. Consagrei-me Campeã Brasileira, acredito que nesse ano o *Miss Fitness* recebeu o maior número de participantes na minha categoria. A batalha foi dura e o nível alto. Fui em busca do Sul-Americano, na cidade de Lima, no Peru, onde fui vice- campeã; e pela primeira vez senti o assédio de fãs. Saí da competição com uma tremenda dor na lombar de tanto tirar fotos nesse país onde o povo é apaixonado pelo nosso esporte. Viajei para Polônia para competir no Mundial, mas não me classifiquei entre as dez; porém estava com mais experiência, observei as atletas, os bastidores e coreografías, ganhando cada vez mais experiência.

O ano seguinte foi o que mais treinei na vida, principalmente elementos da coreografia. Ganhei bastante força com os treinos específicos e apresentei uma coreografia forte com bons elementos de dificuldade. Não consegui repetir a façanha do ano anterior, fiquei com a terceira colocação, mas fui ao Sul-Americano e de lá trouxe meu troféu de primeiro lugar. Fiquei feliz novamente! E comecei a trilhar meu caminho e fazer nome na América Latina.

No ano seguinte tinha muitas dúvidas de como me preparar, nem todas as atletas jogavam de maneira limpa e isso andava me perturbando muito, e já não sabia mais o que fazer. Resolvi buscar orientação de um fisiculturista, e consegui progressos excelentes no meu corpo; conheci novas técnicas de treino e truques de dieta que até então desconhecia. Na minha opnião, nesse ano estava com o melhor físico que já apresentei em competições até então, e fui em busca do campeonato brasileiro.

Nesse tempo minha coreógrafa engravidou e justo um mês antes da competição deu a luz. Fiquei sozinha para finalizar a coreografia que estava muito bonita e forte, mas minha performance não saiu como eu gostaria. Fisicamente estava impecável, mas depois de uma interminável comparação entre eu e outra atleta, foram cinco confrontos entre nós. Foram 11 horas de competição, algo que até hoje não consigo compreender, começamos às 14:00 e só foi decidido o resultado à uma da manhã, acabamos empatadas, mas ela levou a melhor no desempate. Fiquei chateada demais no momento, agi por impulso, achei que não tinha mais espaço no cenário nacional e me retirei

Campeonato Sulamericano de 2001 - Competição de Fitness

das competições; larguei tudo. Não fui ao Sul-americano no Equador, e nem ao Mundial em Santa Suzanna – Espanha campeonatos para os quais já estava convocada. Confesso que deveria ter ido e provado que poderia trazer bons resultados, mas sou um tanto teimosa e achei que aquela atitude estava correta no momento.

Hoje vejo que o esporte é assim, um dia se ganha outro se perde. Sendo um esporte onde existe pessoas julgando, tudo pode acontecer.

Enfim resolvi dar mais atenção à vida pessoal e profissional, procurei me dedicar exclusivamente ao trabalho como *personal trainer*. Até então me dividia entre atender os clientes da empresa que representava e atender meus clientes de *personal training*.

Algum tempo depois, já em 2003, recebi um convite da Federação Equatoriana pra passar uma temporada lá, divulgando e recrutando garotas pra modalidades de *fitness* e a nova modalidade que surgiu em 2002, o *body fitness*. Como adoro encarar novos desafios mudei para um país que não conhecia, e com um idioma que não falava ainda, por mais que fosse similar ao nosso.

Fiquei por lá um temporada, conheci o país, fiz novos amigos, diversos *workshops*, conheci pessoas importantes, mas o principal foi adquiri novas experiências de vida.

No retorno ao Brasil, resolvi cursar Educação Física. Já havia cursado Administração de Empresas, mas não me identifiquei com o curso. Em 2004, entrei na faculdade novamente, e continuei com o treino da parte física e abandonei de vez os treinos de força e flexibilidade voltados pra rotina coreográfica. Não pensava em voltar a competir, apesar de continuar acompanhando de longe a trajetória do esporte e as novas atletas.

Porém, o amor pelo esporte falou mais alto. Pensei em experimentar a categoria *body fitness,* bem mais fácil que o *fitness,* já que sempre me mantive fisicamente bem. Nunca passei mais do que duas semanas longe de uma academia desde que comecei a treinar para competição. E para driblar quase todos que achavam e eu não deveria voltar a competir, inclusive meu estimado namorado (e talvez a mim mesma, que não sabia como iria me sair), resolvi voltar a competir para fazer *marketing* pessoal em função da minha profissão: *personal trainer.* Muitos companheiros gostam de competir para se sobressair, mostrar que também podem fazer algo por eles mesmos e conseguir mais respeito e alunos, muito embora esse não seja o pensamento de todos.

Já com essa sementinha na cabeça um dia recebi um telefonema do Presidente da Confederação Brasileira, Alexandre Pagnani, me incentivando a voltar. Era tudo que eu precisava pra me motivar.

Esse convite foi em maio de 2005, e a primeira competição seria em setembro. Com dúvidas, comecei a amadurecer a idéia, voltei a treinar na academia Personal Training do Wanderley e da Giane. Necessitava sentir aquele ambiente que me fazia tão bem, e devagarzinho fui amadurecendo mais e mais a idéia.

Comecei a buscar fotos e reportagens do padrão em que deveria me apresentar, e a Giane me ajudou a entrar no perfil. Porém, a maior parte do treino e toda a dieta foram

organizados por mim, com minhas experiências anteriores. Como não tinha cobranças e nem pretensão de vencer, efetuei a preparação mais tranqüila da minha vida, até essa época.

Jamais imaginava chegar tão longe a cada competição; durante essa temporada não me cobrava nada, só pensava em chegar e dar o meu melhor no palco.

Fui cuidadosa com as roupas. Essa é uma marca pessoal. Gosto de coisas bonitas e sou muito exigente, quero sempre estar impecável; no palco penso que sou a melhor, mesmo que não seja. Confiança e segurança são minhas grandes aliadas.

Tive a dificuldade que a maioria dos atletas têm, pouco dinheiro e muitos gastos. Detesto pedir as coisas para os outros, em alguns momentos precisei de ajuda e fui até a Secretaria de Esportes de Americana e consegui apoio! Meu cabelereiro cuidou das madeixas em troca de aulas de personal e assim caminhei.

Chegando setembro, começou aquele friozinho na barriga e viajei sozinha para o Campeonato Brasileiro. Por sentir náuseas e ânsia de vomito durante o vôo, costumo viajar medicada, porém esqueci o remédio e vomitei 6 vezes durante o vôo de São Paulo a João Pessoa. Cheguei desidratada e sozinha, no aeroporto me juntei a outros atletas da equipe de São Paulo e cada desafio me fazia ficar mais confiante, sempre procurando manter a tranqüilidade em todos os momentos.

Quase ninguém sabia que eu voltaria a competir, fiz minha preparação na surdina e saí de lá campeã.

Pronta para o Sul-Americano no fim de semana seguinte, viajei de carro para Curitiba na companhia do meu namorado Ari Torso – a presença dele sempre me conforta e me deixa segura. Segurei a dieta, consegui secar um pouquinho mais e saí de lá 2 vezes campeã. No *body fitness* atualmente são 3 categorias; em cada uma delas sai uma campeã e inicia-se uma nova disputa entre as campeãs para chegar à melhor atleta da competição, isso chama-se *overall*. Estava extremamente feliz com a surpresa, mas não era muita, afinal já tinha ganho esses títulos no *Miss Fitness*.

Na semana seguinte participaria do Mundial na Espanha. Segui com a dieta e a minha vontade era mostrar para o mundo que o Brasil tem atletas com potencial, mas o mais surpreendente estava para acontecer.

Como no Campeonato Brasileiro viajei sozinha. Nunca me esquecerei desse episódio, fui até Fortaleza para fazer uma conexão e passei sete horas no aeroporto, onde fiz minha a última refeição saudável.

Embarquei para Europa, deveria chegar em Lisboa e tomar outro vôo até Barcelona. Na rota até Lisboa minha comida estragou, estava faminta, desesperada e acabei comendo a casca do pão que a companhia forneceu com um pedaço de fruta, e só. Depois de todas as conexões, e umas 24 horas no mínimo sem comida de dieta, cheguei em Barcelona. No aeroporto um ônibus aguardava a chegada dos atletas, fui encaminhada até o veículo e fomos para Santa Suzana, a quarenta minutos de Barcelona, onde seria o Mundial. Cheguei carregando minhas malas,

extremamente faminta, e para meu azar teria que esperar o responsável pela minha delegação, o Senhor Alexandre Pagnani, para resolver a parte burocrática e liberar a entrada no hotel. Estava cansada e precisava descansar, deitei no chão exausta com a cabeça na mochila e a mala do lado e fiquei esperando, enquanto todas as delegações chegavam com seus técnicos e delegados. E as moçoilas lindas, comendo suas comidinhas especialmente preparadas, mas nada me desmotivava, só pensava como era bom estar ali, que oportunidade de estar na Europa e em um campeonato daquele nível! Nem sonhava que alguns dias depois, todos ali que me olhavam com certo desprezo estariam me elogiando e tirando muitas fotos minhas.

No dia da seletiva me preparei como de costume: cabelo, maquiagem e tinta no corpo; subi no palco e notei que elas posavam de forma um pouco diferente de nós aqui da América Latina. Na seqüência de poses compulsórias, como eu estava mais ou menos no meio da fila (eram 27 garotas na minha categoria) tive tempo de observar as primeiras meninas posando e ali mesmo tratei de copiar o que seria a forma ideal para posar em *body fitness*. Depois de uma apresentação geral de cinco em cinco meninas a frente, chegou a hora dos confrontos; eu tremia toda, mas não perdi a pose, sorriso e elegância sempre!

Enfim, fui a primeira atleta a ser chamada para o primeiro confronto e ali fiquei; fui comparada com todas as meninas possíveis e venci todos os confrontos. Claro, só fiquei sabendo disso depois.

Era minha primeira competição nessa modalidade, e sempre ouvir dizer que para ganhar um mundial nessa categoria era muito difícil. Eles valorizavam o biotipo das européias. Elas normalmente têm pouco glúteo, pernas mais finas e costas largas. Os árbitros são em grande parte do leste europeu e corre a crença de que a menina deve competir várias vezes para ficar conhecida, e só depois surgiriam as chances de vitória. Vários fantasmas me assombravam....

No dia da final elas já me olhavam diferente, saiu o resultado das finalistas e eu estava entre elas.

Mal podia acreditar e me senti vitoriosa, afinal nunca uma latina ficou sequer entre as cinco melhores. Desse ponto em diante tudo seria lucro e algumas garotas já me cumprimentavam; enfim fomos chamadas para premiação. Eu era a segunda na fila, quando olhei para trás vi aquelas competidoras lindas, com seus rostos maravilhosos, várias com olhos claros e muita produção esmerada, mas eu me sentia bonita e muito contente.

Já no palco para a premiação com as outras quatro finalistas comecei a imaginar várias coisas, inclusive que seria eu mesma a primeira a ser chamada; mas foi outra, bom para mim, chamaram a terceira, nessa altura meu coração disparava pela boca. Ficamos eu e a alemã Dorota *Szczesna*, e para minha extraordinária surpresa ela foi anunciada como segunda colocada.

Foi a glória. Pela primeira vez na vida chorei de emoção, nem tenho palavras pra expressar tudo que senti naquele momento, olhei a platéia e muitos me aplaudiam, toda delega-

ção Sul-Americana vibrava. Foi nossa primeira grande vitória!

E parti para o *overall,* que é o título mais importante da competição, afinal eram mais de 90 atletas. Eu e duas eslovacas, lindas, perfeitas. Venci Katarina Verbovska e Lenka Chalupkova, sobre elas novamente levei a melhor! Esse dia 25/09/2005 será inesquecível enquanto eu viver!

Acredito que as coisas já estão escritas, mas cabe a nós fazer por merecer, sem perder a humildade, modestia e determinação!

Não penso que sou apenas um corpo, uma casca. Não sou tão ligada a meu corpo como muitos julgam pelo esporte que pratico, claro que sou vaidosa, tenho ego, mas me preocupo com o mundo, com as pessoas, com a natureza, com a pobreza, a falta de oportunidades, a fome, as guerras, e a vaidade humana.

Sou uma pessoa tranqüila, gosto de viver de forma simples, não faço extravagâncias, sou bastante racional, mas choro fácil, muito determinada, não tenho luxo – somente algumas manhas como toda mulher –, gosto de ler, detesto ver TV, e adoro navegar na internet.

Tenho defeitos e procuro melhorar a cada dia, busco ser humilde, desapegada, não guardar magoa de nada nem de ninguém! E quero dar continuidade à minha espécie, quero ser mãe, avó, bisavó... sei que um dia tudo isso vai passar e quero olhar para o passado e ter certeza de que fiz o meu melhor, e que valeu!

Treino de musculação

Para tudo na vida temos que ter disciplina, determinação e vontade. Não conheço nenhuma pessoa que conseguiu se destacar em alguma profissão, algum esporte ou na vida comum, que não tenha se empenhado pra consegui-lo, superando dificuldades intrínsecas ou as advindas do meio externo, vencendo suas próprias inseguranças, e em alguns momentos tendo que abdicar de alguns prazeres para se dedicar ao objetivo final. Passei por escolhas e continuo passando a cada nova etapa que surge na minha vida.

Meu treino nunca foi extremamente pesado, sempre procurei primar pela técnica e desde o inicio aprendi isso. Claro que executei treinos com cargas mais elevadas quando buscava ganhar massa muscular para me tornar competitiva, mas exagero na carga e técnica mal feita nunca fizeram parte do meu treino, mesmo porque se quisesse levantar muito peso escolheria competir em *powerlifiting* e não em *fitness*. Meu objetivo sempre foi ter um corpo proporcional, competitivo e atraente pra mim mesma.

O treino atual é feito com séries combinadas, repetições elevadas apenas para manter

o que já conquistei, treino alguns grupos musculares com mais ênfase, como os posteriores de coxa. Nós mulheres temos uma tendência de acumular gordura nessa região. O treino em *pré - contest*, assim como em *off season*, são bem parecidos. Normalmente, a carga diminui em *pré- contest* e o número de repetições aumenta, mesmo porque com uma dieta mais rigorosa a tendência é haver uma diminuição progressiva de força, e treinar com muita sobrecarga pode ser arriscado para os tecidos moles.

Comentários Sobre Treino

Aquecimento: Antes de iniciar o treino específico com pesos é muito importante que se realize exercícios de aquecimento.

Através do aquecimento, estaremos aquecendo tendões e ligamentos que são partes muito solicitadas durante o treino, e facilmente podem lesionar-se. Realizo aquecimento geral, normalmente em uma esteira ou bicicleta estacionária, seguido de alongamentos. Antes de iniciar a série do exercício especifico realizo uma ou duas séries bem leves, deixando a musculatura e as articulações preparadas para cargas mais pesadas que normalmente seguirão. Cinco minutos de aquecimento geral e mais cinco a dez minutos de aquecimento específico são suficientes.

Fico sempre atenta pra não correr risco de sobre-treinamento. Muitos pensam que passar horas na academia e fazer infinitos exercícios e infinitas séries, e treinando todos os dias chegarão mais rápido ao objetivo, mais é mero engano. Provavelmente entrarão em estado catabólico, com risco de desenvolver alguma lesão e ainda baixar a resistência imunológica.

Nosso organismo precisa de tempo para recuperar-se e dependendo do treino até mais de 72 horas são necessárias pra que o organismo faça a recomposição das estratégicas micro-rupturas teciduais ocorridas durante o esforço.

Esteja atento quanto à intensidade do seu treino, dedique-se a ele, coloque toda a sua energia. O ideal é que você sinta a "pega" do exercício. Normalmente, utilizo de 3 a 4 séries com repetições entre 15 e 8, quando percebo que está tornando-se fácil procuro aumentar a carga de maneira gradual. Essa é uma forma de aumentar a intensidade, mas não existe receita de bolo que pode ser seguida por todos. Cada pessoa deve estar atenta às respostas do seu corpo, e deve criar o método mais eficaz para si.

A maneira como se realiza o exercício é primordial, a correta execução certamente levará ao sucesso mais rápido; enfatize o músculo que esta sendo trabalhado e não deixe que outros músculos roubem o lugar dele. Lembre-se da qualidade de execução e não da quantidade de peso.

Se você tem um projeto para ser campeã no esporte ou na vida, lembre-se de que isso dependerá muito da forma como se dedica. Portanto, além de treinar com intensidade e técnica corretas, alimentar-se corretamente e dormir as horas necessárias, deverão ocorrer de modo constante no seu cotidiano. Não adianta treinar um período e logo abandonar o seu treino, ou demais objetivos. Muitas pessoas param no meio do caminho de quase tudo! Claro que em algum momento você precisará tirar uns dias de descanso, ou alguma outra tarefa impedirá de realizar sua rotina, mas não faça disso uma regra. Quanto mais rápido puder, volte e seja disciplinada novamente.

Pessoas treinadas gastam mais energia do que as sedentárias. Quanto maior a massa muscular, mais energia se usa para mantê-la em funcionamento. O músculo é um tecido ativo com importantes funções em nosso dia a dia.

Como mencionado, não sou de treinar muito pesado; porém, os meus exercícios prediletos são os básicos e livres. Para cada grupo muscular meus exercícios preferidos são:

Peito: supino com halteres. Utilizo um banco com inclinação até 30 graus, estendo os braços acima do peito e realizo uma flexão do cotovelo até 90 graus e volto à posição inicial.

Costas: remada unilateral com *dumbell*. Considero um dos exercícios mais poderosos para o dorsal.

Bíceps: rosca direta com barra. Com os braços estendidos ao longo do corpo e as mãos em supinação; prefiro a barra reta, mas às vezes utilizo a barra w. Trago a barra até próxima ao peito e volto à posição inicial. Procuro trabalhar com grande amplitude para recrutar todas as fibras musculares, da origem até a inserção do bíceps.

Tríceps: rosca testa. Deitada em um banco reto utilizo uma barra reta ou w. Com os braços estendidos acima do corpo, pegada em

pronação, desço a barra até próximo à testa e acelero na volta da barra a posição mais superior, tomando cuidado pra não hiper-estender o cotovelo. Procuro manter a contração constante do músculo trabalhado.

Ombro: desenvolvimento com halteres. Os braços estendidos acima da cabeça e as mãos em pronação, desço os halteres no sentido da orelha até uns 100 graus, e estendo os braços, voltando à posição inicial.

Quadríceps: agachamento livre. Meu exercício predileto para as coxas. Barra apoiada no trapézio, os pés afastados na largura dos ombros, com as pontas voltadas pra fora, desço até um pouquinho mais de 90 graus, porém, não até o glúteo tocar os calcanhares (não utilizo a agachamento completo). E volto à posição inicial, sem hiper-estender os joelhos e sem volta-los pra dentro, nem para fora; procuro manter o cuidado de não deixar o joelho ultrapassar a ponta dos pés.

Posterior de coxa: flexão de perna deitada. Excelente pra desenvolver o bíceps femural, quando executado com maestria. Procuro utilizar grande amplitude, estendendo bem a perna, e na flexão tomo cuidado para não deixar o rolo tocar o glúteo. Portanto, prefiro utilizar carga adequada que me permita completar o exercício sem comprometer sua execução.

Panturilha: em pé no *multi power*. Com os pés paralelos, utilizo a flexão plantar e em cima seguro 1 segundo e volto, deixando a panturrilha alongar

Abdominais: os *crunchs* com alguma sobrecarga. Utilizo diversos exercícios, um que me agrada é deitar no solo, apoiar as pernas em um banco reto e, com uma anilha atrás da cabeça, realizar a flexão do tronco, com controle, sentindo os músculos abdominais.

Aeróbios

Quanto aos aeróbios, costumo executá-los mesmo em *off season*, variando a quantidade e o tempo em relação ao *pré contest*.

Em *off season* realizo os exercícios aeróbios 3 vezes por semana, com duração de 30 a 40 minutos, realizando formas variadas para não enjoar. *Spinning*, esteira e *transport* são meus preferidos.

No *pré-contest* realizo aerobiose entre 5 ou 6 vezes na semana. Nessa fase tenho que me preocupar em manter a qualidade da musculatura e não me desgastar muito, afinal a dieta já é bem rigorosa e alguns momentos me sinto um pouco debilitada. A duração é de 40 a 50 minutos. Os exercícios de bicicleta, esteira e simulador de escadas são meus prediletos. Se sinto que preciso secar mais divido a aerobiose em 2 períodos de 40 minutos, um pela manhã e outro ao final da tarde. Dependerá muito de como meu corpo está reagindo.

Nutrição

Devido à sorte de possuir um metabolismo privilegiado, minha dieta no período *off season* me permite comer maiores quantidades de alimentos, e isso me deixa muito feliz, porque como legitima taurina sou muito gulosa.

No entanto, procuro escolher alimentos com qualidade, restringindo as guloseimas e os alimentos muito calóricos. Aos fins de semana me permito uma pizza e uma bela churrascaria, mas sempre mantenho distância das frituras e dos açúcares.

Exemplo de Dieta no Período Off-season

Refeição 1
200 ml de extrato solúvel de soja *light* batido com 30 gramas de *Whey Protein*
2 fatias de pão integral com 50 gramas de queijo branco magro

Refeição 2
1 fruta

Refeição 3
200 gramas de arroz branco
200 gramas de carne vermelha grelhada
Porção de vegetais verdes e legumes à vontade

Refeição 4
200 ml de extrato solúvel de soja light batido com 30 gramas de *Whey Protein*
2 fatias de pão integral com 50 gramas de requeijão light

Refeição 6 - Pré-treino
1 fruta
2 gramas de BCAA'S

Refeição 6
200 gramas de arroz branco
200 gramas de carne vermelha grelhada
Porção de vegetais verdes e legumes à vontade

Refeição 7
6 claras de ovos mexidos com 50 gramas de ricota e brócolis

Já no período *pré-contest* não é possível interromper a dieta. Como o objetivo é vencer, esta modalidade esportiva exige que se faça dieta de domingo a domingo, sem interromper nenhum dia sequer. Sem sacrifício não se chega ao paraíso! Se você não tiver disciplina, pratique outro esporte que permita uma maior ingestão calórica, como sumô!

Exemplo de Dieta no Período Pré-contest

Refeição 1
1 fatia de pão integral
30 gramas de whey protein com água

Refeição 2
1 fatia de abacaxi com 1 porção pequena de morangos

Refeição 3
150 gramas de arroz integral
200 gramas de peito de frango grelhados
Salada verde à vontade
Porção de legumes cozidos à vontade
3 claras de ovos cozidas
1 fatia de abacaxi

Refeição 4
200 gramas de batata doce cozida
5 claras de ovos cozidas

Refeição 5 – Pré-treino
30 gramas de *Whey Protein* com água
3 gramas de BCAA'S

Refeição 6
200 gramas de peito de frango grelhados
Salada verde à vontade
Porção de legumes à vontade
1 fatia de abacaxi

Refeição 7
5 claras de ovos cozidas

Comentários Sobre Dieta

Costumo comer bastante carne vermelha, isso é um histórico familiar. Estamos hoje na 5º geração trabalhando com criação e comércio de carnes, sendo que o precursor foi meu tataravô "Juca Rosa". Desde então, carne vermelha na minha família é regra, e todos adoramos. Acredito que isto também foi um fator importante no meu desenvolvimento, pois se conhece o alto valor biológico das proteínas contidas na carne vermelha. Além disso, sempre escolhi cortes mais magros, evitando carnes gordas desde criança. Vale ressaltar que tanto no período *off-season,* quanto no período *pré-contest,* bebo muita água.

Um dos erros mais comuns cometidos por diversas pessoas é entrar em dieta drasticamente e se manter em baixa ingestão calórica por um período prolongado. Com o passar dos dias o corpo se acostuma com a mínima quantidade de alimento e seu metabolismo basal acaba reduzido. Ou seja, você deixa de queimar calorias eficientemente e não perde mais peso.

Portanto, procure perder peso lentamente, e comece sua dieta mais cedo. Não deixe

pra última hora, pois você poderá sacrificar a massa magra e agredir sua saúde.

Como puderam observar nos exemplos acima, faço várias refeições ao dia e procuro incluir todos os grupos alimentares. Muitas pessoas realizam uma refeição pela manhã (quando o fazem), e apenas mais uma ou duas refeições grandes ao longo do dia. Isso não é aconselhável, pois muito alimento de uma só vez pode ter seu excesso acumulado em forma de gordura, além de tornar seu metabolismo mais lento.

Ingira entre 5 e 6 pequenas refeições diárias visando a manter seu metabolismo mais acelerado. Lembre-se de que músculos consomem calorias mesmo quando você está em repouso. Ou seja, certifique-se de que a quantidade de calorias que está ingerindo é o suficiente para apenas queimar gorduras, e não a sua massa muscular conquistada com tanto sacrifício.

É absolutamente normal sentir fome quando começamos uma dieta. O motivo é que nosso estômago estava acostumado com um volume maior de alimentos, e repentinamente passa a receber uma quantidade menor de comida. Mas, após os primeiros 15 dias de restrição calórica, os sinais de fome irão desaparecer. Este também é um dos principais motivos pelos quais é importante alimentar-se nos horários indicados e realizar várias pequenas refeições.

Para obter um programa nutricional adequado a suas peculiaridades biológicas e seus objetivos, procure sempre um nutricionista esportivo.

A seguir algumas dicas para as meninas que desejam competir em *body fitness:*

Poses

Um fator muito importante para se tornar uma atleta de sucesso é ser muito feminina nos gestos e saber se apresentar no palco, andar com elegância, sorrir a todo momento e transmitir confiança aos árbitros e expectadores.

As poses devem ser ensaiadas com freqüência para que se tornem mecânicas, e não seja necessário corrigir-se em cima do palco. Lembre-se de que você até pode estar melhor fisicamente, mas se as outras souberem valorizar seus pontos fortes poderão ser as vencedoras.

Portanto sempre procurei ser tranqüila e treinar antes da competição, mesmo porque na competição trabalha-se muito a isometria muscular, e algumas vezes os confrontos são longos. Se você não estiver preparada pra eles, pode botar tudo a perder.

Trajes de competição

Saber escolher cores e modelos que combinam melhor com seu tom de pele, cabelo e formato do corpo, ajudando a valorizar seus pontos fortes, é imprescindível. Cuidado com as cores claras, como o branco; apesar de lindo, depois de tinta, suor e alguns confrontos ficam com aparência de sujos, e isso pode ser prejudicial.

Detalhes de cabelo, maquiagem e acessórios como brincos e sandálias fazem diferença.

Atualmente, o *Body fitness* da IFBB não permite as sandálias tipo plataforma, de que gostamos tanto. Estejam atentas, porque as regras estão em constante mudança, e é muito estressante quando se chega para competir e estamos fora do padrão de vestimenta exigido. Tem-se um estresse danado para corrigir esses problemas e, muitas vezes, não estamos em nosso país, não falamos o idioma e a grana não é suficiente. Fique atenta, todos os campeonatos realmente sérios seguem à risca as regras e o mesmo vale para horários, transportes e alimentação.

Conclusão

Espero com esse livro desmistificar o treinamento com pesos pra mulheres e ajudar a acabar com o preconceito referente a essa prática esportiva. Treinar com sobrecarga não quer dizer que a mulher ficará musculosa ou masculinizada; pelo contrario, com os possíveis progressos estéticos irá melhorar a auto estima, sentir-se muito mais bonita e atraente; sem contar os aspectos positivos relacionados à saúde. Atualmente a ciência nos incentiva a essa prática, pois conhecemos os inúmeros benefícios pra saúde das mulheres.

É fundamental ser acompanhado por profissionais competentes. Escolher o seu objetivo e reconstruir seu corpo só depende da sua vontade, e custa bem menos que cirurgia plástica!